イラストで
わかる!

気になる子どもへの支援

どうしてそうなる? どうすればよい?

伊藤 友彦・小笠原 恵・濱田 豊彦・林 安紀子 著

教育出版

はじめに

　教育においては、いつの時代も、多様な子どもたちへの、適切で、ていねいな対応が大切です。本書は、保育や教育実践の場での子どもの理解と支援の助けになることをめざして作成しました。幼児から小学生、さらに中学生・高校生までを対象としたこと、「イラストでわかる」ようにしたこと、子どもの特徴的な行動を取り上げ、「どうしてそのような行動が起こるのか?」「どうすればいいのか?」が、一目でわかるようにしたこと、などが本書の特徴です。この冊子が、保育や教育の仕事をめざす学生の皆さんや、現在、保育や教育現場で働いておられる方々の子どもへの支援に貢献できることを願っています。

著者一同

もくじ

幼児編

ここでは、３歳児から５歳児を想定しています。この時期の子どもたちは、幼稚園や保育所などに入園し、初めての集団生活を送るようになります。家庭とは異なる、さまざまなルールや対人関係を習得していくこととなります。また、発達の個人差が大きく、気になっていたことが、年齢とともに気にならなくなることもしばしばあります。

Q1

お友達を叩く、蹴る、かみつく

お友達とおもちゃの取り合いになったり、自分の座りたい場所に誰かが座っているなど、自分の思うようにいかない場面で、お友達を叩いたり、蹴ったり、かみついたりします。また、何もしていない特定の子を叩きに行くこともあります。

どうしてそうなるの？

原因は…▶ **友達との適切なかかわり方や意思表示の仕方の未熟さ**

自分の思いを伝えることばを獲得できていなかったり、使い方がわからないような場合、思うようにいかない場面で、思わず、相手を叩いたり蹴ったりかみついたりしてしまうことがあります。結果的に、欲しかった物が手に入ったり、友達が譲ってくれたりすると、「かみつくことで自分の思いが達成される」という誤った学習をしてしまい、この行動が繰り返されることがあります。また、特定の子を叩いたりする理由として、相手の子の動きや声が不快であったり、逆に仲良くなりたいのだけれど、どうしていいのかわからないことも考えられます。

どうしたらいいの？

ポイント① 叩いたり蹴ったりする状況を観察して事前に止める。

ポイント② まず落ち着かせ、その後で、適切なことばを教える。

たとえば……

ベランダに
行こう。
大丈夫だよ。

出来るだけすばやく、穏やかに（無駄な声かけをせずに）その行為をやめさせて、本人が落ち着く場所に連れて行く。

ごめんなさいは?
ごめん。

相手に対して「ごめんね」と言わせるだけでは、次にまた同じことを繰り返してしまう。

どうして
叩こうと
したの?
「貸して」って
言った?
おもちゃ、
貸してくれな
いんだもん。

本人が落ち着いた後に、どうしてそうなったのかを聞きながら、適切なことば（「貸して」「やめて」「入れて」など）をその場で教える。

保護者にむやみに事実（「今日○○君を叩きました」、など）のみを伝えるのではなく、園でどのように対応をしているのかを話す。肩身の狭い思いをしている保護者を孤立させないように配慮する。

Q2

すぐにかんしゃくを起こす

ちょっとしたことで泣き出し、声をかけたり、抱っこしたりしようとすると、ますます大声になったり、近くにある物を手当たり次第に投げたり蹴ったり、地団太を踏んだりします。30 分以上泣きやまないこともあります。

どうしてそうなるの？

原因は…▶ **●気持ちのコントロールの未熟さ**
●不快な刺激、予定変更、好きなことを止められたなどの嫌悪状況がきっかけ

かんしゃくあるいはパニックは、何らかの理由で生じた嫌悪状況に対して、子ども自身が自分の気持ちを上手に処理できずに爆発してしまった状態をいいます。きっかけとなる原因は、子どもによってさまざまです。たとえば、私達にとっては何でもない刺激が非常に不快であったり、恐怖を感じてしまうことや、自ら活動の見通しを立てることができずに何をしていいのかわからない不安な状況、大好きな遊びやこだわっていることを止められた場合などが関係します。嫌悪状況におかれた場合、何とか気持ちを保とうして、肩をいからせたり、目がつり上がったり、呼吸が激しくなったり、というかんしゃくの前兆を示す子どももいます。

どうしたらいいの？

ポイント① 何がかんしゃくの原因となっているのかを観察する。

ポイント② 子どもが不快に感じる刺激を取り除いたり、緩和する工夫をする。

ポイント③ これから起こることを子どもにわかりやすい形で伝えて不安な状況を避ける。

たとえば……

かんしゃくを起こしているときは、本人やまわりに危険が及ばないように、安全な場所に速やかに移動する（かんしゃくを起こしているときには、何を言っても火に油を注ぐようなもの）。段ボールのお家など、避難場所を作ることもよい。

落ち着いて。
やめなさい。
がまんして。

前兆行動を見極めて、その段階でアプローチすることはかんしゃくの予防となる。子どもによって落ち着く方法が異なる（たとえば、水を飲む、深呼吸する、誰かに肩をぽんぽんと叩かれる）。

いつまで何をするのか、次に何をするのかわかる工夫を。

長い針が★マークまでは座っていますよ。★マークになったらごちそうさまをして片づけるからね。
12
3
6
9

Q3

一人遊びが多い

部屋の中で他の子ども達が様々なおもちゃを使って遊んでいるときに、ミニカーや電車や積み木を並べて眺めてみたり、丸い物をコマのようにくるくる回してそのまわりを飛び回って遊んでいて、誘ってもなかなか他の子と遊びません。

どうしてそうなるの？

原因は…▶ 興味・関心の範囲の狭さ、あるいは偏り、対人関係の弱さ

３歳を過ぎると、役割のある遊びを盛んに行い、子ども同士のやりとりが増えてきます。しかし、子どもの遊びは、役割が頻繁に変わり、ストーリーが一貫していないために、毎回やり方が異なり、見通しが立ちにくいものです。こうした見通しの立たない遊びはやり方がわからずに参加できない子どももいます。結果的に、子どもとやりとりするよりも一人でいるほうを好むようになる場合もあります。また、水が流れる様子をずっと眺めていたり、おもちゃを並べては、またくずすことを繰り返す独特の感覚や物の操作を好む子どももいます。

どうしたらいいの？

ポイント① 子どものペースを尊重する。

ポイント② 本人の関心のあるところから少しずつかかわりを増やす。

たとえば……

大人も発想の転換を！
本人のペースを尊重して。

同じ活動には参加していなくても、他の子どもと同じ空間にいることを肯定することから始める。

将来は昆虫博士
かしら。

保育者が隣で、本人と同じようなことをしてみたり、「上手に並べたね」、「これはなんていう電車？」などと声をかけてみるなど少しずつかかわりを増やす。

隣で
トンネル
作っても
いい?
いいよ。

Q4

毎日行う決まりごとが身につかない

朝登園したら、帽子をかけ、かばんから連絡帳と着替えの袋を出すことや、給食前に、手を洗って、ランチョンマットを机の上に敷くといった毎日の決まりごとが、身につきません。

どうしてそうなるの？

原因は…▶

●転導性(※)の高さ、集中力の短さ
●学習がゆっくり

新しい生活を始めた子ども達は、園でのたくさんの決まりごとや、生活習慣を身につけていかなければいけません。毎日繰り返すことは、子どもたちにとって、身につきやすいものです。ところが、なかには、帽子をかけに行くと窓の外の景色が気になり、かばんから連絡帳や着替えを出そうとすると、お弁当箱が気になり、というように、今やらなければいけないことはわかっていますし、能力的には十分やり遂げる力をもっているにもかかわらず、目に入った刺激に次々と反応してしまい、最終的にひとつずつ言われないと、やり遂げられない子どもたちがいます。また、他の子どもが10回やると身につくことを、20回、30回とやってできるようになるといったように、ゆっくり学習をしていく子どももいます。

※注意の転導性…周囲からの刺激に応じて、注意がうつりかわること。

どうしたらいいの？

ポイント① 無用な刺激を排除する。

ポイント② モデルを示したり、手を添えるなど、本人がわかる形でやり方を教えて、できたという経験を積み重ねる。

たとえば……

無用な刺激を整理して。
お食事の準備をするよ。
みんなを見てごらん。
具体的な言い方で。
あ!
そうか。
ランチョンマットを出すよ。

Q5

着替えが一人でできない

体操やプールの前後の着替えの時間に、なかなかとりかかれずに、裸で飛び回っていることがあります。着替えが終わった様子を見ると、シャツやズボンの前後が逆だったり、脱いだものがそのままになっていたりします。

どうしてそうなるの？

原因は…▶ ●一人で着替える経験の不足
●着替えの方法の未習得
●注意の転導性の高さ

身のまわりのことを大人にやってもらっていた赤ちゃんの時代から、幼児になると自分で何とかやろうとします。しかし、この段階で、大人が手を出し過ぎて自分で着替える経験やその機会自体が少ない場合、園に入ってもすぐには自分ひとりで着替えることが出来ません。また、洋服を脱ぐことは比較的簡単にできますが、洋服を着ることには着る順番、前後の判断、ボタンはめやファスナーを扱うなど、難しいことが含まれています。こうしたことにつまずいて、着替えることが嫌になってしまう子どもがいます。また、既に着替え終わっている子ども達が遊んでいる姿を見ると、遊びだしてしまうような注意の転導性が高い子どももいます。

どうしたらいいの？

ポイント① 子どもがつまずいているところを見極める。

ポイント② 未熟な技術を補うように、洋服に工夫をする。

ポイント③ 着替えが終わった後に楽しいことを。

たとえば……

ボタンが難しそう…
着替える様子を見ながら、どこにつまずいているのか、チェックする。
たとえば、洋服の前にワッペンをつける、上履きの右と左を合わせると1つの絵になる、など洋服や上履き自体に工夫をする。
A
着替えたら楽しいことがあるとスピードアップ。
着替えの場所と遊びの場所を区別する。
着替えたら、お外でブランコしようね！

Q6

ルールが守れない

滑り台の順番を無視したり、折り紙を配る時に後から来て１番前に並んでしまうなど、順番が守れないことがあります。また、大人しか開けてはいけない戸棚を勝手に開けたりします。

どうしてそうなるの？

原因は…▶ **●ルール理解の不足**
●衝動性の高さ

社会には、さまざまな決まりごとやルールがありますが、たいていは、そのルールは見えない形でしか示されません。子ども達は、大人の言うことを聞きながらそうしたルールを覚えたり、まわりの友達やきょうだいを見ながら、1つずつ身につけていきます。しかし、なかには、ルールを覚えにくい子ども達がいます。大人は「当然わかっているだろう」、あるいは「1回言ったのだから覚えているだろう」などと思いがちですが、そのルール自体を理解するのに時間がかかる子ども達がいます。また、ルールはわかっているのに、自分のやりたい気持ちが強くなったり、気になることがある場合に、我慢できなかったり、ルールを忘れてしまったりして、勝手なふるまいのように見える行動をしてしまう衝動性の高い子どももいます。

どうしたらいいの？

ポイント① ルールを見える形で示す。

ポイント② どうしたらいいのか具体的に教える。

たとえば……

大人が開ける決まりになっている棚に、保育者の顔写真を貼っておくなど、ルールを見える形で示す。
×印で示すとより効果的。
7

紙芝居などでルールを教える。
並ぶ場所に目印をかいておく。
7

Q7

指しゃぶりなどの癖がやめられない

お昼寝や夜、布団に入った時にずっと指しゃぶりをしています。遊んでいる時にも、気がつくと指をくわえていたり、時にはひものような物を口の中に入れてくちゃくちゃ噛んでいる時もあります。

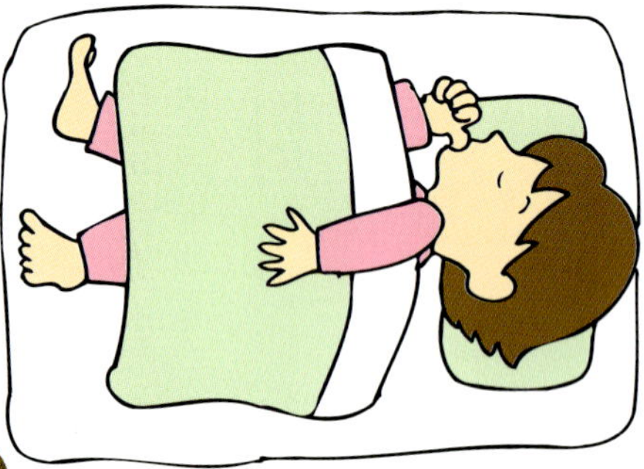

どうしてそうなるの？

原因は…▶ **●不安や緊張を緩和するための感覚刺激**
●物や人への興味の薄さ

赤ちゃんの時、眠る前の儀式として、タオルやハンカチを握っていたり、指しゃぶりをしたり、ぬいぐるみを抱いていたりする子どもは少なくありません。こうしたことで気持ちが落ち着いて、安心して眠りにつけるようです。こうした行動は、子どもにとって心地よいために、眠る前だけではなく、日常生活の中にも広がっていくことがあります。しかし、年齢が上がるとともに、おもちゃや友達への関心が広がり、日常生活の中で活発に遊ぶことができるようになると、こうした行動は減っていきます。しかし、物や人への興味が薄く、感覚刺激の心地よさに浸ってしまう子どもは、指しゃぶりなどがやめられない場合があります。

どうしたらいいの？

ポイント① 興味や関心を広げる。

ポイント② 代わりとなる物ををさがす。

たとえば……

指しゃぶりをしそうになった時に、代替となるもの（タオルやハンカチなど）を渡す。
注意をしたり、無理に指を口から出したりしても、あまり効果はない。
いろいろなものを試してみる。
興味や関心を広げる。手を使う遊びに誘ったり、大人が手をつないだりする。

Q8

偏食がひどい

特定のものしか食べません。たとえば、白いご飯だけしか食べないために、混ぜご飯などにはいっさい手をつけず、カレーライスはカレーのかかっていないところだけ食べます。無理やり口に入れようとすると吐き出します。

どうしてそうなるの？

原因は…▶ ●感覚の過敏性(※)
●食経験の不足・未知のものへの抵抗感

子ども達のなかには、多くの人がおいしいと感じるものに対して、苦いと感じたり、臭いと感じたり、ざらざらした嫌な感覚と感じたりする子どもがいます。また、小さい頃から、家庭で多くの食材を食べるという経験をしてこなかった子ども達は、給食が始まると、はじめて見た知らない食材やメニューにであいます。自分は特定のものしか食べないと決めている子どもや、はじめてのものは食べたくないと決めている子どももいます。また、お皿にのっていると食べられるのに、お弁当箱に入っていると食べなかったり、その逆だったりするというように、状況によって変化することもあります。この場合、いつもと違うもののように見えてしまったり、過去の嫌な経験と結びついている可能性もあります。

※感覚の過敏性…他の人がそれほど不快に感じない刺激を非常に不快に感じとったり、逆に他の人にとっては何でもない刺激を非常に心地よいと感じたりします。

どうしたらいいの？

ポイント① 味つけ、盛りつけ、調理方法を変えてみる。

ポイント② 昼食を食べなかったからといって、間食で好きな物ばかりを与えない。

ポイント③ 嫌いな物を一口食べたら、好きな物を一口食べられるといった交換条件を使う。

たとえば……

野菜を一口食べ
たらイチゴを
食べていいよ。

●いっしょに買い物

●いっしょに
料理

材料を知ることで苦手な物
やはじめての物への抵抗が
なくなることも。

●調理法の工夫を
グラッセ
ハンバーグ
味噌汁
カレー

Q9

手づかみで食べる

まわりの友達はフォークやスプーンを使えるようになっているのに、ご飯を食べる時に手づかみで食べてしまいます。

どうしてそうなるの？

原因は…▶ **●手先の不器用さ**
●道具を使うことへの意欲の低さ

手先の不器用さのためにスプーンやフォークを使いこなせず、手づかみで食べてしまう子どももいます。スプーンやフォークを使えるようになった子どもでも、自由自在に使いこなせるようになるまでは、手づかみで食べるほうが確実に食べたい物を口に入れることができます。そのため、道具を使うことへの意欲が低くなってしまうこともあります。

どうしたらいいの？

ポイント① スプーンやフォークを確実に使いこなせるように、大人が手を添えてあげる。

ポイント② スプーンやフォークを使おうとしたら、ほめて意欲を高める。

たとえば……

大人が手を添えてあげて口元まで。
使おうとしたら、ほめて意欲を高める。
スプーンで食べてお利口！

Q10

お母さんから離れられない

入園当初は、スムーズにお母さんと離れられていたのに、しばらくすると、部屋に入る時から、お母さんにしっかりしがみついていて離れません。お母さんが帰ろうとするとしがみついたまま大声で泣き出します。

どうしてそうなるの？

原因は…▶ **●母親と別れることへの不安の強さ**
●園での嫌な経験

これまでは、スムーズにお母さんと別れることができていた子どもが、ある時から離れられずに泣き出すことがあります。この場合、園に来てお母さんとバイバイすると長い時間別れていなければいけないことになると次第に理解し、別れたくない気持ちが強くなったのかもしれません。また、園の中で嫌なことがあるために、園に行くことを嫌がって、お母さんと別れるときに泣いてしまうのかもしれません。

どうしたらいいの？

ポイント① 母親と別れる時に儀式を取り入れるなどして、不安を取り除く。

ポイント② 園での様子を観察する。

たとえば……

●お別れの儀式

サヨナラ
あんころもち
またきなこ

●お別れをスムーズに

行って
きまーす！
振りかえ
らないぞ…

●家庭との連携

園で何か嫌なことがないかどうか、
情報を収集し、そのことを解決できるかどうか、保育者と話をする。
連絡ノート

Q11

手先を器用に使うことができない

シャツのボタンをはめたり、靴下をはく時に手先を器用に使うことができずに、大人に手伝いを求めます。また、指にのりをつけたり、粘土に触ったりすることも極端に嫌います。

どうしてそうなるの？

原因は…▶ **●手先の不器用さ**
●感覚の過敏性

子ども達の運動発達は、反射の段階から、歩いたり走ったり跳んだりといった粗大運動を獲得する段階、バランスを保持したり、身体あるいは身体の一部を協調的に使った細かな動きを獲得する段階などを踏んでいきます。ゆっくり発達する子どもたちのなかには、この微細運動に不器用さを残す場合もあります。また、これまでの成長の中で感覚的な遊びをする経験が少なかったり、特定の感覚を極端に嫌うことから、のりや粘土に触ることを嫌がる子どももいます。

どうしたらいいの？

ポイント① つまずいているところを見極めて、ちょうどよい手助けをする。

ポイント② 道具や洋服などに工夫をする。

たとえば……

子どもの様子をよく観察して、つまずいているところをチェック。
つまずいているところだけ手をそえるとちょうどよいお助け量。

1. 靴下をもつ	○
2. つま先を入れる	○
3. かかとまで引っ張る	○
4. かかとを入れる	×
5. 上まで引っ張る	○

ひっぱりやすいループ。

ボタンを大きな物につけかえる。

スティックのりを使ってみるなど、その子の嫌がらないレベルに応じる。

Q12

行事への参加を嫌がる

運動会や学芸会、お誕生日会、遠足といった、年に数回しかない行事への参加やそのための練習を嫌がります。無理に参加させるとその場で泣き出したり、逃げ出したりします。

どうしてそうなるの？

原因は…▶ ●初めてのことへの不安の高さ
●いつもと違うことへの抵抗

入園したばかりの子ども達は、毎日が初めて行うことばかりです。少しずつ慣れたところで、また新しい行事が入ってくると、大変な苦労を強いられるように感じる子どももいます。どんなことを行うのか、自分が何をすればいいのか、どのくらいやるのか、といったさまざまな事に対して、イメージがもてないと不安が高くなり、行事に参加できなくなってしまうことがあります。また、最初に参加した行事で何か良くないことが起こると、その後、その行事に参加することを嫌がることがあります。

どうしたらいいの？

ポイント① 見通しをもたせる。

ポイント② 無理強いせずに、小さな行事や一部分から参加させる。

たとえば……

●お誕生日会

おめでとう!
いくつになりましたか?
5歳です。

今日のお誕生日会はこんなことをするよ。
おたんじょうびかい

●写真やイラストでシナリオを作る。事前に説明しておく。
●いつも行っている好きな活動を取り入れる。
●事前に本人と話し合って、参加できそうなところを決めておく。

Q13

嘘をつく

空想のキャラクターを考え出して物語を作っていたと思ったら、最近、嘘をつくようになりました。「保育園の先生が持って帰っていいと言った」とか、自分が壊したおもちゃを姉のせいにするなど、すぐにわかるような嘘です。

どうしてそうなるの？

原因は…▶ **●現実と空想の区別があいまい**
●嘘をつくことで、叱られることを回避できた経験

幼児の場合、嘘をついていることが意図的かそうでないかによって、その原因は大きく異なります。嘘をついているようにみえても、現実との区別がうまくつかずに、自分が思ったことや考えたことを現実のようにとらえてしまい、そのまま口に出すことは、少なくないことです。また、何らかの失敗をしてしまい、常に厳しい叱責を受けている環境にある子どもの場合、同じような状況でたまたま現実とは異なることを話したら、大人からの叱責などの状況が回避できた経験があると、その行動が繰り返されることがあります。

どうしたらいいの？

ポイント① 意図的に嘘をついているのかどうか、見極める。

ポイント② 正直に話すことで叱られずにすむ経験を重ねる。

たとえば……

正直に話せば叱られずにすむという経験を。

ご飯を作りたかったの…
正直に言えてエラいね。今度からは、お父さんやお母さんといっしょの時にやろうね。

サンタさんが来て、「クッキー食べてもいいよ」って言ったんだよ！
ふ〜ん…そう思ったんだね。
でもクッキーはおやつの時間に食べようね。

嘘をついているのかどうか、見極める。

Q14

「なんで？」「どうして？」などの質問が止まらない

どんな指示を出しても「なんで？」「どうして？」の質問が繰り返されてしまいます。自分に出された指示でなくても、会話に割って入り、「それはどうして？」と質問をします。

どうしてそうなるの？

原因は…▶ **●わからないことへの不安の高さ**
●会話技術の未熟さ

他者に質問することは、子どもの成長に欠かせないことです。しかし、その頻度があまりに高くて、子どものペースに巻き込まれてしまうと、会話を上手に切り上げることができなくなってしまいます。子どもは、そのこと自体を楽しんでいるのかもしれませんし、他に相手との会話の仕方を知らないのかもしれません。また、特定の事柄や、質問の起こりやすい状況に何らかの傾向がある場合には、わからないことに対する不安が高まり、質問を繰り返さざるを得なくなっているのかもしれません。

どうしたらいいの？

ポイント① 質問が頻発する状況の特徴を見極める。

ポイント② わからないことに対して、子どもが理解しやすい形で示す。

ポイント③ 質問に１回答えて、別のことに気持ちを切り替える。

たとえば……

10がつ
日 月 火 水 木 金 土
1
2 3 4 5 6 7 8
9 10 11 12 13 14 15
16 17 18 19 20 21 22
23 24 25 26 27 28 29
30 31
えんそく 10 がつ 8 にち
どこへ？
どうぶつえん
どうやって？
でんしゃ
もちものは？
おべんとう
スケジュールなどを示して、いつでも確かめられるようにする。
見てごらん！
10月8日に行くよ。さあ、次は体操の時間が始まるよ。
いつ行くの…ブツブツ…
質問に答えたら別の話題や遊びに誘って、気持ちを切り替えさせる。

Q15

他の人の物を取る・使う

歯磨きやうがいのときに、水道の近くの棚においてある歯ブラシやコップの中から、自分の物を使わずに友達の物を使います。タオルかけに掛かっているタオルを持って帰ってしまうこともあります。

どうしてそうなるの？

原因は…▶ **●衝動性が高い**
●所有の意識が低い

目の前にあるものがその場で必要であったり欲しいものである時に、思わず使ってしまったり、手に取ってしまうことがあります。幼児の場合、友達の物を自分の物にしてしまおうという意図がはたらくというよりも、自分の物ではない友達の物を勝手に使ったり手に取ったりしてはいけない、という規範意識が弱く、衝動的にそうした行動をとっている場合があります。また、自分の物と他人の物との区別がつかない、あるいは自分の物に対する所有意識が低い場合にも、同じような行動がみられます。

どうしたらいいの？

ポイント① 自分の持ち物をはっきりさせる。

ポイント② 借りるときのことばを教える。

たとえば……

●持ち物全てに同じマークをつける。
●蛍光色を使うと目立つ。

○○ちゃんのマークがついているのを使おうね。

「かして」「これを使ってもいい？」など、借りるときのことばを教える。

いいよ!
これかして!

Q16

怪我が多い

歩いたり走ったりしているときに、転んだり何かにぶつかることがよくあります。また、高い所から落ちて、手足や顔に傷を作ることが多くあります。

どうしてそうなるの？

原因は…▶ **●運動発達の未熟さ**
●不注意・多動性

運動発達がゆっくりの子どももいます。その場合、走ることができるようになったものの、バランスをとることがうまくいかなかったり、何もないところでつまずいたり転んだりしてしまうことがあります。また、動きが激しく、常に身体のどこかが動いているような子どもの場合、自分の身体や動きに十分注意を向けることが苦手で、身体の動きをコントロールすることが難しいこともあります。さらに、注意が不十分である場合、目の前に何かがあったとしても、気がつかずにそのままぶつかってしまうこともあります。

どうしたらいいの？

ポイント① バランスや身体意識を高める動きを積極的に取り入れる。

ポイント② 動きをコントロールする運動を取り入れる。

ポイント③ 危ないところは事前に予告をする。

たとえば……

はい、
止まるよ!

先生の合図で走る・歩く → 止まる練習を。体操の時間に。

自分で止めることができなければ手を添えて。止められた時には「よく止まったね。エライよ！」

動きのコントロールに効果的。

生活の中で誰かと何かを運ぶ運動を意図的に取り入れて。

低い平均台を歩く練習でバランス感覚を。

足の裏をつけたり離したりバランスをとる力を育てるのに効果的。

マット運動などで手を使って身体を支える練習も効果的。

ケン
ケンパッ
ケンパッ。

Q17

よく迷子になる

散歩や遠足に行くと、いつの間にか、みんなから離れてどこかに行ってしまうことがよくあります。家庭でも買い物や遊園地などに行くと、迷子になってしまうことが多いようです。

どうしてそうなるの？

原因は…▶ **●空間認知(※)の弱さ**
●衝動性の高さ

空間認知の弱い子どもは、とっさに左右や上下といった物の位置関係を把握することが苦手な場合が少なくありません。自分がいる場所や一緒に来た人のいる場所がどこか、わからなくなってしまい、迷子になってしまうのかもしれません。また、衝動性の高い子どもの場合、目につくものに次々と反応してしまうことによって、その場で何をしているのか、何をしなければいけないのか、忘れてしまうこともあります。

※空間認知…物の位置関係を把握する能力。

どうしたらいいの？

ポイント① 待ち合わせの場所を決める。

ポイント② どこかに行きたい時には大人に承認を求めてから行く習慣をつける。

たとえば……

待ち合わせの場所を決めておくと安心。

○○スーパー
わからなくなったら入り口で待っていてね。
うん、うさぎさんの所だね。

はじめての場所はなるべく手をつないで。

どこに行くの？
あっ、風船！

勝手に動き出す前に、「どこに行きたいのか」「何をするのか」を大人に伝えて承認を求める習慣を。

どうしたの？
お母さんとはぐれちゃった…
試食コーナー

迷子になった時、誰に助けを求めるのか教えておく。

Q18

部屋の中で走り回る

ちがう遊びに移る時も、何かおもちゃを取りに行く時も、歩かずに走って移動していることがとても多いです。また、じっとしていることが苦手で、食事の後や、お話を聞く時にすぐに立ち歩いてしまいます。

どうしてそうなるの？

原因は…▶ ●多動性
●集中力の低さ

集中力が低く、じっとしていることが苦手な子どもの場合、つい、何かに突き動かされるように動き回ることが多く、落ち着きがないようにみえてしまいます。「歩く」ということがわからずに、走り回っていることもあります。また、特定の場面だけで動き回ってしまうような場合、その活動内容がよく理解できなかったり、つまらなかったりするのかもしれません。その他に、どこか別の場所に行きたくなったり、椅子や机の高さや位置がよく合わないために苦痛であったりなど、さまざまな理由が考えられます。

どうしたらいいの？

ポイント① ことばで伝えるよりも、一緒に手をつないで歩くことを経験する。

ポイント② 動いてよい場面を作るなど、活動内容を工夫する。

ポイント③ 座る場所や椅子の高さを変えるなど、環境を調整する。

たとえば……

お部屋の中で先生と手をつないで歩く経験を。
そう、走らないで歩けたね。
お部屋の中では歩こうね。
椅子の高さの調整や座る位置の工夫といった環境調整。
動きの多い活動を取り入れたり、1日のはじめにしっかり身体を動かすと落ち着いて生活に入れることも。

Q19

乱暴なことばづかいをする

嫌なことがあった時に、友達だけでなく大人に対しても「殺してやる」「死ね」といった乱暴なことばや、相手に対する悪口を立て続けにまくし立てます。時には、同じようなことばや下品なことばを使ってニヤニヤしていることもあります。

どうしてそうなるの？

原因は…▶

- **興奮しやすさ（自己コントロールの弱さ）**
- **乱暴なことばに触れる機会の多さ**
- **乱暴なことばづかいで注目される経験**

友達に気に入らないことをされたり、保育者から少し強く指示されたりすると、気持ちを抑えることができずに、知っている限りの攻撃的なことばを並べる子どもがいます。しかし、幼児の場合、そのことば自体の意味を正確にとらえていることはそれほど多くありません。そうしたことばを発することによる周囲への影響を理解していないことがあります。また、生活のなかでテレビや年長者のことばに影響を受けていることも少なくありません。たまたま暴力的なことや下品なことを言うことによって、友達に笑われたり、保育者が注目してくれることを経験してしまうと、その状況を再現しようとして、そうしたことばを繰り返すこともあります。

どうしたらいいの？

ポイント① ことばの意味を教える。

ポイント② 適切なことばのつかい方を教える。

たとえば……

バカッ
シネッ。
別の場所で
まあ
まあ。
ボールを
○○ちゃんが
持っていた
のね？
どうして
怒ったの？
落ち着く方法
を探る。
だって
ボールを
かしてくれない
んだもん。
興奮が収まったら、どうして
そうなったか整理する。
イラストを使
うと効果的。
えっ！
泣いちゃう
の？
「バカッ」
「シネッ」
なんて言われたら
悲しくて
泣いちゃうよ。

Q20

1番や勝ちにこだわりすぎる

勝敗のあるカードゲームなどは、自分が負けそうになるとその場にあるカードをぐちゃぐちゃにしてしまいます。かけっこなどで前を走る子がいて、１番になれそうにないと、その子の洋服をつかんでひっぱったり押したりします。

どうしてそうなるの？

原因は…▶ ●価値観の狭さ
●これまでの経験の影響

たとえば、１番に手を洗いたい、１番に先生から折り紙をもらいたい、といった日常生活のちょっとしたことから、勝敗がはっきりしていてルールのある活動まで、さまざまな場面で異常なほど負けず嫌いの子どもがいます。負けず嫌いは悪いことではありませんが、負けたり１番になれなかったりしたとき、「まあ、いいや」「仕方がない」と思えず、自分のすべてを否定されたように感じてしまう子どももいます。負けた状態がどのようになるのか、想像できずに強い不安をもったり、何かに負ける人間はだめな人間だと決めつけてしまっていることがあります。完ぺき主義で、１番にならねばならない、と決めつけている子どももいます。これまで、１番になったときにしか大人からほめられなかったり、負けたことによりからかわれたり叱られたりという嫌な経験が影響していることもあります。

どうしたらいいの？

ポイント① 勝ち負けがあることをあらかじめ伝えて、負けたときの心の準備をさせる。

ポイント② 勝ち負け以外のことで達成感を得られるような工夫をする。

ポイント③ 結果を勝ち負けにしない遊びを経験させる。

たとえば……

これからカルタとりをします。とれないことがあっても大丈夫。次にがんばろうね。
負けることもあることや、その時どうするかあらかじめ話す。
○○ちゃんがたくさんとれたね。
……．
とれなかった人も怒らなくてエラかったね。
負けても怒らなければ、たくさんほめる。
負けても怒らなくてエラかった○○君にお仕事頼もうかな。みんなにお手紙配ってくれる?
いいよ。
役割やお手伝いで自信をつける。
勝ち負けで結果の出ない遊びをたくさん取り入れる。
みんなで廊下に飾る絵を描きましょう!

小学生編

小学校に入学した子どもたちは、一定の時間割の中で1日を過ごすことになります。幼児期に比べると、集団の規模が大きく、集団のルールも多くなってきます。加えて、教科学習が始まります。子どもたちの学習スタイルは、さまざまであり、その子どもの得意な学習スタイルをみつけてあげることも大切です。

Q21

身のまわりを片づけられない

整理整頓ができず、机のまわりや教室の中にはいつも何かその子の物が落ちています。机の中は、プリントが丸まって入っていたり、色鉛筆が散乱していたり、ぐちゃぐちゃです。

どうしてそうなるの？

原因は…▶ 注意の転導性の激しさと空間認知の低さ

何をしなければいけないかがわかっていても、途中で色々なことに気をとられてしまい、片づけができなくなってしまうことは、注意の転導性の激しい子どもによく見られます。物の位置関係を把握する空間認知が弱い子どもはどこに何を置いたらいいのか、わからなくなっている場合もあります。

どうしたらいいの？

ポイント① 何をしなければいけないのか、わかりやすく示してあげる。

ポイント② どこに何を片づければよいのか、物とその置き場所を1対1で決めてあげる。

たとえば……

先生と一緒に一つずつ何をどこに片づけるかチェック！チェックリストを使うと一人でできるようになるかも…。

休み時間の前にすること	
①教科書をつくえに入れる	○
②ノートをつくえに入れる	○
③えんぴつと消しゴムをふでばこに入れる	○

チェックリストは机の上や壁に貼ってあるとよい。

子どもの注意の持続時間に配慮。

一つの場所に一つの物を置くように決める。何をしまうか物の名前を書いて貼るとわかりやすい。

ぞうきん

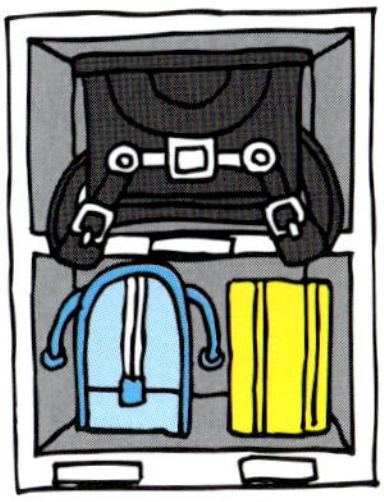

ランドセル

絵の具

ピアニカ

引き出しはプラスチックの仕切りや片づける物の絵をかいた下敷きを利用。

教科書・ノート

出来上がり写真があるとわかりやすい。

Q22

忘れ物が多い

お家から持ってこなければいけない物や宿題を忘れてしまうだけではなく、学校でも次の授業に持っていく物を忘れてしまったりもします。お便りを出すことを忘れてしまって、保護者は忘れ物をしたことさえ知らずにいます。

どうしてそうなるの？

原因は…▶ **記憶力の弱さ**

持ち物がたくさんあると全部覚えておくことができない、ことばで言われただけでは必要なことを聞き逃してしまう、メモをしたりプリントをもらってもどこに書いたのかどこにしまったのかわからなくなってしまうなどが考えられます。

どうしたらいいの？

ポイント① 持ち物を減らしたり、忘れてはいけない物の置き場所を決める。

ポイント② 記憶の弱さを補助する工夫をする。

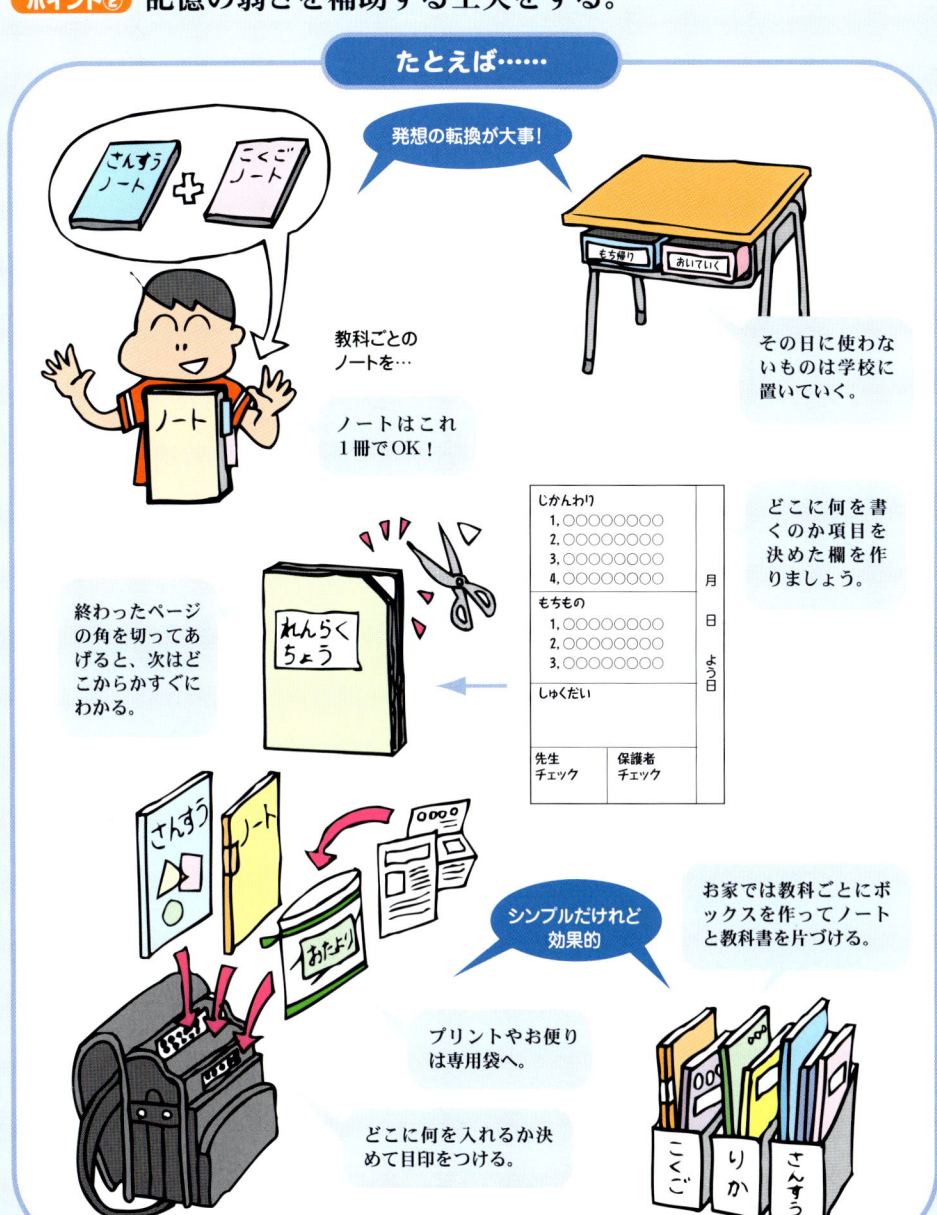

たとえば……

発想の転換が大事！

教科ごとのノートを…

ノートはこれ1冊でOK！

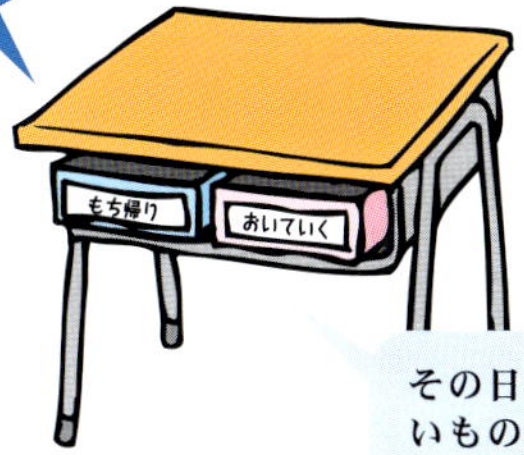

その日に使わないものは学校に置いていく。

じかんわり	月 日 ようび
1, ○○○○○○○○ 2, ○○○○○○○○ 3, ○○○○○○○○ 4, ○○○○○○○○	
もちもの 1, ○○○○○○○○ 2, ○○○○○○○○ 3, ○○○○○○○○	
しゅくだい	
先生チェック / 保護者チェック	

どこに何を書くのか項目を決めた欄を作りましょう。

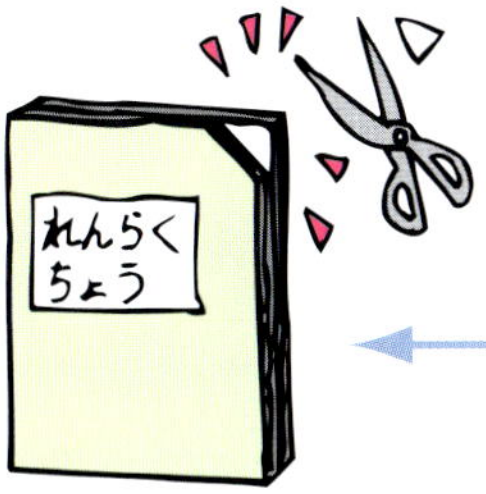

終わったページの角を切ってあげると、次はどこからかすぐにわかる。

プリントやお便りは専用袋へ。

どこに何を入れるか決めて目印をつける。

シンプルだけれど効果的

お家では教科ごとにボックスを作ってノートと教科書を片づける。

Q23

姿勢が悪い

授業中に、だんだん背中が曲がってきて机に片手を置いて突っ伏したような格好になってしまいます。何度注意しても、すぐに同じような格好になってしまいます。

どうしてそうなるの？

原因は…▶ 筋力の弱さや一定の姿勢を保つことの困難さ

授業の内容がわからなくて、姿勢が悪くなっていることもありますが、筋力が弱かったり多動性のある場合には、45分間の授業で同じ格好をしていることが苦痛な場合もあります。そうした場合、たいていは自分でどんな格好をしているのかわからないために、「いい姿勢をしましょう」と言われても直すことができないのかもしれません。

どうしたらいいの？

ポイント① 何回も注意するのではなく、どうしたらいいのかがわかる形で伝える。

たとえば……

×
姿勢が悪いよ。
背筋をピンとして。
いい姿勢に直しましょう。
○
田中さんはいい姿勢ですね!
田中さん

注意をしても自分に言われているのかわからなかったり、“いい姿勢”の意味がわからないかも…。

おっ! いい姿勢になったよ!

どうすればいいのか、わかる形で伝える。

曲げて～ 伸ばして～

休み時間や体操の時間、お家でストレッチや協調運動を取り入れることで筋力アップ！

Q24

授業中にボーッとしてしまう

課題に取り組んだり発言したりすることはほとんどなく、授業中に、ぼんやりと空中を見つめている様子が多く見られます。先生の言ったことを聞いていないようにも見えます。

どうしてそうなるの？

原因は…▶

- 注意を持続させることの困難
- 言語理解の弱さ
- 勉強のつまずき
- 心配事や気になること（一時的）

一時的にそうした様子が見られる場合には、何かお家や友達関係などで心配事があったり、反対にとても楽しみなことがあってついそのことばかり考えてしまうのかもしれません。また、特定の教科に対してぼんやりとしてしまう場合には、その教科の学習内容がわからなくなっていることが考えられます。他にも、先生の言ったことがうまく聞き取れなかったり、注意を持続させることが難しくて、空想の世界に浸ってしまうこともあります。

どうしたらいいの？

ポイント① 注意をひきつける手段を取り入れる。

ポイント② 授業中、体の動きを取り入れる。

たとえば……

ハイ
こっちを
見て!!

先生の合図で先生を見る習慣をクラスのルールに。

他にも注意を先生に向ける方法は、黒板をコツコツ叩く、足でトントンと床を鳴らすなどいろいろ…。

伸びて
みよ〜う!!

体の動きを取り入れる。

ハイ
いいです
か!!

子どものそばに行ったり、肩にそっと触れてあげるだけで集中できるようになることもある。

Q25

手先を使う作業を嫌がる

たとえば、絵をかいたり、道具を使って何かを作り上げたりすることを極端に嫌います。給食当番や調理実習でエプロンのひもを結ぶことにも苦労している様子が見られます。

どうしてそうなるの？

原因は…▶ **目で見た情報を受け取って、手の運動に変換することがスムーズに行われない不器用さ**

不器用な場合、道具を使うことに困難を示すことがあります。そうした苦手意識を持ちながら失敗経験を繰り返すことによって、自ら取り組まないことを選択してしまう子どもたちがいます。

どうしたらいいの？

ポイント① 道具の使い方のコツを教える。

ポイント② 作業の順序を書いた工程表を提示する。

ポイント③ スモールステップで１つずつ取り組む。

たとえば……

ぞうきん
工程表
台紙
のり

工程表

切り絵工作	コツ
①紙とはさみを持ちます。	
②絵を切りぬきます。	紙をもっている手を動かそう！　よく見てね！
③切りぬいた紙をうら返します。	
④のりをつけます。	のりは、中央から外に向かってつけよう！
⑤ゆびをぞうきんでふきます。	
⑥台紙に切りぬいた絵をはります。	

工程表はその子の理解に応じてステップに分ける。

靴などは、マジックテープなど簡単なものを利用すると、みんなの前で失敗しなくてすむ。

赤いひもと白いひもをまずバッテンにして。
バッテンバッテン！
そうそう。

お家で少しずつ練習！

Q26

体育の授業でみんなと一緒の動きが取れない

準備運動をしている時から列を離れて勝手なことをしています。とび箱やマット運動、球技などになると、ケガをしそうな危険な様子も見受けられます。友達にちょっかいを出したり、ふらふら動き回ることもよくあります。

どうしてそうなるの？

原因は…▶ ●ボディーイメージの弱さ　●多動性　●空間認知の弱さ

子ども達は苦手なことの失敗経験を繰り返すうちに、そのことをやろうとしなくなってしまうことがあります。ふざけたように見える態度は、できないことの裏返しかもしれません。粗大運動の不器用さがある子どもたちの場合、自分の体の各部位をイメージすることが難しく、どこを動かすとどのように動くのかわからない場合もあります。ボールなどの物を使った動きは、さらに難易度が高くなります。多動性のある子どもは、動き出すことは得意でも止まることが難しい場合もあります。また、みんなから少しずつ動きが遅れてしまう場合には、脳が「動け」という命令を出してから体が反応するまでに時間がかかることが考えられます。空間認知の悪い場合には、左右がとっさにわからなかったり、自分がどこに並んでいるのかがわからなくなってしまったりします。

どうしたらいいの？

ポイント 手を添えたり、物を使ってボディーイメージを高める。

たとえば……

手をまっすぐに伸ばします。
そう、手が伸びました。

大人が手を添えて動かし方を伝える。

ボディーイメージを高める運動を取り入れる。

子ども達全員の左手と右手に特定の色のリボンをつけると、合わせやすくなる。

Q27

授業中、立ち歩いたり教室を出て行く

授業が始まってからしばらくすると、席を立ち、教室の後ろのほうにある水槽を眺めたり、うろうろしたりします。ときには、トイレに行くようなそぶりで教室を出て行ってしまいます。

どうしてそうなるの？

原因は…▶
- 多動性や衝動性の高さ
- 集中時間の短さ
- 嫌なことがあったなどの直前のできごと
- 勉強のつまずき

衝動性の高い子は、気になることがあると衝動を抑えきれずに、立ち歩いたり、教室を出て行ってしまうことがあります。また、多動性のある子どもや集中時間の短い子どもは、45分間じっとしていることを苦痛と感じる場合もあります。先生や友達に注意される、勉強が難しくてわからない、教室が騒がしい、温度や湿度が高いなど、直前に嫌なことがあったり教室環境が不快な状態になるとその場から逃げだす子どももいます。

どうしたらいいの？

ポイント① 無用な刺激を排除した環境を整備する。

ポイント② 授業の構成を工夫する。

ポイント③ 行ってよい場所や行く時のルールを決める。

たとえば……

黒板に集中できるようなカーテン。

授業の進め方を予告して見通しを持たせる努力を。

窓際から遠く、先生に近い席（離席しそうになったら、すぐに声かけや用事を頼むなど）。

ビデオ
プリント
本

①本を読みます。

②ビデオを見ます。

③計算プリントをします。

保健室に行っていいですか?

短時間の課題を組み合わせることや、合間に体を動かすことなども有効。

気持ちを落ち着かせるための場所を用意することも有効。その場合は、先生の許可を得ることや回数などのルールを決めて。

Q28

授業中のおしゃべりが多い

先生が話しているにもかかわらず、後ろを向いて友達と話す様子が見られます。また別の時には、先生の発問が終わらないうちに勝手にしゃべりだしたりします。手を挙げている時に指名しても、「わかりません」と答えることもあります。

どうしてそうなるの？

原因は…▶ **●刺激への反応性の高さ**
●多動性や衝動性の高さ

多動というと歩き回ったり、手足の動きなど体の大きな動きにばかり目がいきがちですが、過剰なおしゃべりにも多動性が関係します。また、衝動性が高く、外からの様々な刺激にすぐに反応してしまうと、発言のルールを無視して、自分が知っていることをどんどんしゃべり続けてしまう場合があります。この場合、本人は自分がしゃべっていることすら意識していないこともあります。

どうしたらいいの？

ポイント① 授業中の発言のルールを徹底する。

ポイント② しゃべっていることを意識させる。

たとえば……

口頭だけの注意はかえって逆効果に。

ふざけないで！
静かに！！
だまりなさい！

そばに行って「シ〜ッ」のサイン。

カードなどの視覚的サインを見せる。

しずかに
てを
あげて

クラスのルールに！

じゅぎょう中に発言するときのルール
①手をあげる。
②先生に指名される。
③立ち上がる。
④いすをしまう。
⑤発言する。

Q29

授業中、座ってはいるが落ち着かない

授業中に、椅子をがたがた揺らしたり、机や手提げから何かを出してはもてあそんでいたりします。課題を最後まで一人でやり遂げることが難しいことも少なくありません。

どうしてそうなるの？

原因は…▶ **●多動性や注意を集中させることの困難**
●衝動性の高さ

座ってはいても、いつもどこか体の一部が動いているなど多動性のある子どもたちは、落ち着きがないと言われることがあります。時間や場面に関係なく、気にかかるものがあるとつい体がそちらに動いてしまい、動きが多くなるなど、衝動性のコントロールに弱さが見られる場合もあります。

どうしたらいいの？

ポイント① 無用な刺激を排除する。

ポイント② 授業の構成を工夫する。

ポイント③ 学習の見通しを持たせる。

ポイント④ 動いてもよい役割を作る。

たとえば……

活動の見通しを持たせる工夫を！

《やること》

①プリントをくばる。
②もんだい1～5までやる。
③先生に見てもらう。
④もんだい6～10までやる。
⑤先生に見てもらう。
⑥合図があるまでいすに
すわっている。
⑦全員で答え合わせをする。

終わったら
チェック。

動いてもよい活動や役割を！

プリント配り。

掲示の手伝い。

疲れたら体を動
かす時間を。

Q30

すぐにカッとする

友達から言われた些細なことばに対して怒鳴ったり手が出たりすることがあります。また、自分がうまくいかなかったことに対して、手近な物を投げたり蹴飛ばしたりする様子も見られます。

どうしてそうなるの？

原因は…▶ **●感情のコントロールの弱さ**
●表現力の未熟さ

暴力や暴言はいけないことだとわかっていても、自分の感情をコントロールすることが難しい子どもは、つい、相手を攻撃してしまうのかもしれません。また、自分の思っていることを上手に表現することができないために、行動で表している場合もあります。自分の行動の結果、相手が傷ついてしまったり、物が壊れてしまう、ということを予測できない場合もあります。

どうしたらいいの？

ポイント① 自分の行動をコントロールする力をつける。

ポイント② カッとしてしまう状況を整理して、回避する工夫をする。

ポイント③ 適切な行動を教える。

たとえば……

●パニックになる前が重要！

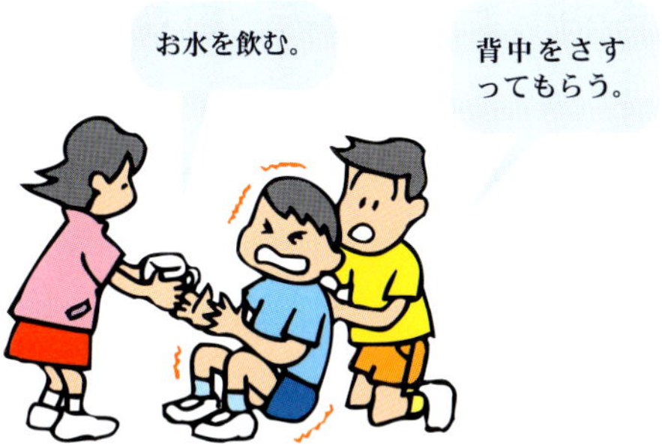
お水を飲む。
背中をさすってもらう。

「おまじないの紙」を見て我慢する。

家に帰ったらゲームやろうね。

深呼吸してごらん。
深呼吸。

●パニックになった後

落ち着いてから

状況を整理し、適切な対応について紙に書いたり、ロールプレイング（※）をしたりする。

※ロールプレイング…場面を想定して、与えられた役割を演じることで、適切な行動を学習させる技法。

Q31

約束を守らない

友達と遊ぶ約束をしてもすっぽかすことが多く見られます。また、班で活動する時に役割を決めて、やらなければいけないことや持ち物などを分担しても、それを完了させることができません。

どうしてそうなるの？

原因は…▶ ●記憶の弱さ
●実行機能の低さ（※）

自分がやると言ったことや、やるべきことをやらずにいる場合、そのこと自体を覚えていないといった記憶の弱さが関係していることがあります。また、やること自体は覚えているのに、それをどのような順序でやっていいのかわからなかったり、さまざまな刺激に衝動的に反応してしまうために、目的とする行動を最後まで完了することができないといった実行機能の低さが関係していることもあります。

※実行機能…計画的にまたは周囲の状況に柔軟に対応しながら目標を達成する機能。

どうしたらいいの？

ポイント① 約束したことを思い出せるように工夫する。

ポイント② 友達からの声かけも大切。

たとえば……

メモを取る習慣は
うっかりミスを防ぐ。

わかった!
メモするね。
明日この本
返してね。

メモを取ることに負担
を感じる子にはICレ
コーダーなども便利。

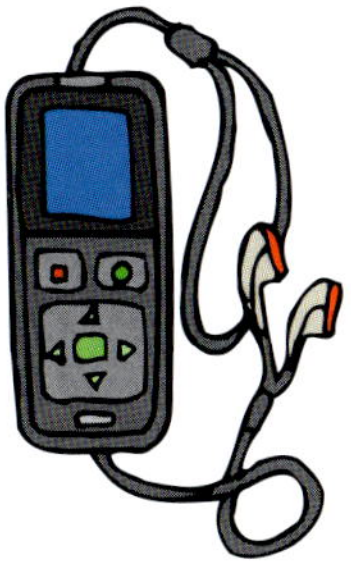

お家に帰ったら
ゲームをする前に
メモを見ようね!
次に…
家に帰ったら
最初にメモを
見る…

やらなければいけな
いことに優先順位を
つける。

《家に帰ってから》

①メモを見る。
②…………………………。
③…………………………。
④ゲームをやる。

Q32

切り替えが苦手で、なかなか次の行動に移ることができない

休み時間に遊んでいると、授業開始のチャイムが鳴ってもなかなか戻ってきません。図工の時間などに集中して作品を作っていると、終わりの時間がきてもやめられません。

どうしてそうなるの？

原因は…▶ ●思い込みの強さ

●状況判断の弱さ

自分から行動を切り替えられない子どもの中には、これをここまでやるのだ、といった自分なりの考えや思いから抜け出せない場合があります。まわりを見ながら自分の行動を調整するという状況判断力の弱さが加わる場合もあります。

どうしたらいいの？

ポイント① 別の視点から気持ちを切り替えるきっかけとなることばがけをする。

ポイント② あらかじめスケジュールを確認する。

たとえば……

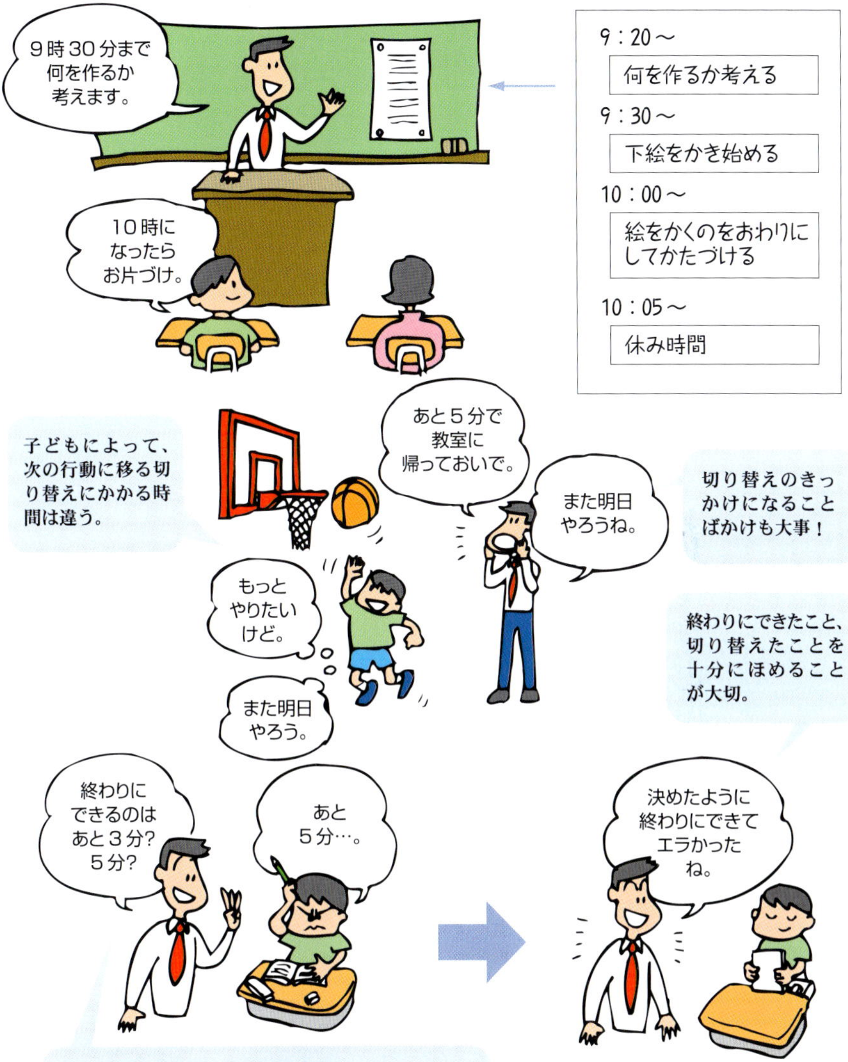
9時30分まで何を作るか考えます。
10時になったらお片づけ。
9：20～
何を作るか考える
9：30～
下絵をかき始める
10：00～
絵をかくのをおわりにしてかたづける
10：05～
休み時間
あと５分で教室に帰っておいで。
また明日やろうね。
もっとやりたいけど。
また明日やろう。
終わりにできるのはあと３分？５分？
あと５分…。
決めたように終わりにできてエラかったね。

子どもによって、次の行動に移る切り替えにかかる時間は違う。

切り替えのきっかけになることばかけも大事！

終わりにできたこと、切り替えたことを十分にほめることが大切。

「もう終わりです」と繰り返すよりも選択肢を出して終了を子どもに決めさせてあげるのも効果的。

Q33

ひとり言が多い

授業中に授業とは全く関係のないことを小声でつぶやいていることがあります。テストの時など、静かになったときに、鼻歌を歌ってしまうこともあります。廊下を歩いている時に、ぶつぶつとひとり言を言っていることもあります。

どうしてそうなるの？

原因は…▶ **●何をしたらいいのかわからなかったり、何もすることがないなどの状況や、不安の高い状況からの逃避**

ひとり言や鼻歌は、本人は自覚がなく、無意識で行っていることが多いようです。そのこと自体を楽しんでいる場合もあれば、独自の世界の中に入ることによって不快な状況や不安の高い状況から逃避しようとしているのかもしれません。得意なことを行っていたり、好きなことに取り組んでいる場合にはあまり見られません。

どうしたらいいの？

ポイント① 何をすればいいのかわかりやすく示す。

ポイント② よく観察して、背景を探る。

たとえば……

ブツ
ブツ…
ランドセル
もっておいで！

やらなければいけないことに注意を向け直す。

どんな時にひとり言が多いのか観察をして、その背景を探ることも大切。

計算ドリル
4ページ
一人で取り組む
課題でひとり言が
多いかな～
ブツブツ…

Q34

友達と遊べない

休み時間は一人でいることが多く、特定の友達がいないようです。社会科見学や総合的な学習の時間で、一緒にやりたい人同士がグループを組むようにすると、一人で取り残されてしまいます。

どうしてそうなるの？

原因は…▶ 対人関係の弱さ

友達にどのように声をかけたらいいのかわからない、遊びのルールがわからない、会話スキルが未熟、自分の要求が伝えられない、人の気持ちや意図することがわからないなど、子ども同士で遊ぶ時に必要とされる、さまざまなソーシャルスキル（※）が弱い子ども達は、どのように友達とかかわったらいいのか、わからないのかもしれません。また、失敗経験を繰り返してしまうと、友達とかかわることよりも一人でいることを選んでしまう場合があります。

※ソーシャルスキル…人とうまくつき合う技能。

どうしたらいいの？

ポイント① **簡単なルールのあるゲームなど、友達と安心してかかわれる機会を作る。**

ポイント② **本人の得意な活動を通して友達とのかかわり方を教える。**

たとえば……

鬼だぁー
逃げろー
逃げろー
タスキをかけているのが鬼だからね！つかまらないように逃げるよ。

体育の時間の終わりなど、できる活動から無理なく参加を促す。

○○君はいつも飼育係をやってくれています。
朝の会
昨日、ウサギ小屋に行って、ウサギにキャベツとニンジンをあげました。
そうか…いつもエサをあげているのは○○君か～

本人の得意なことを生かして発表する場を設定することで、まわりの友達のとらえ方が変わることも…。

Q35

指示を出されてもすぐに取り組むことができない

先生から指示を出されると、すぐに取り組まずにいつも行動が１歩遅れます。また、先生に対して「何するんだっけ？」「○○だっけ？」などと聞き返しがとても多く見られます。学習面での遅れも徐々に目立つようになってきています。

どうしてそうなるの？

原因は…▶

- **短期記憶の弱さ**（※）
- **話している人に注意を向けることの困難**
- **ことばでの指示理解の困難**

ことばでいくつかの指示を出されると、聞こえてはいてもそれらすべてのことを覚えていられないなど短期記憶に弱さが見られる子どももいます。さまざまな周囲の刺激に影響されて、上手に先生のことばに注意を向けられなくなっている子どももいます。また、ことばだけの指示では、何をどのようにしたらいいのかわからずに、聞き返しが多くなる子どももいます。指示の内容は理解できても、実際にどのようにすればいいのかわからないために、まわりの子どもの行動を見ながらまねをしようとして、まわりから行動が遅れてしまう場合もあります。

※短期記憶…新しい情報をしばらく意識の上に留めておく能力。

どうしたらいいの？

ポイント① できるだけ短いことばでゆっくりと繰り返して話す。

ポイント② 学習面での遅れに対しては、工夫して対応することで子どものやる気アップを図る。

たとえば……

書写の用意をしましょう。筆を取りに行ったら、あそこに新聞紙があるので一人５枚ずつ持って来てください。お手本はここにあります……
書写だー 筆、筆…
あれ? 新聞紙は…?

たくさんのことをいっぺんに言うと全部覚えていることが難しい場合もあります。また指示代名詞を使うと混乱してしまうことがある。

いつでも確認できるように黒板に書いておくことも有効。

書写の用意をします。まず筆を持ってきてください。筆ですよ。
①筆を持ってくる。
②新聞紙をロッカーの上から５枚持ってくる。
③先生の机からお手本を１枚持ってくる。

短いことばで繰り返して指示することが効果的。

ギッシリ!!
やりたくな～い。

よ～し!
１枚終わったら次の問題を取りに来てね!

１枚に多くの問題が書かれているよりも、少しずつ分けて書かれたプリントのほうが子どものやる気はUP。

Q36

自分勝手に行動する

クラスの決まりごとを守れずに、自分のやりたいことだけやったり主張したりします。また、順番に並んでいるのに割り込んだり、人の物を勝手に持っていくなど日常生活の中でも自分勝手な行動が目立ちます。

どうしてそうなるの？

原因は…▶

- **ルール理解の弱さ**
- **ルールを守ろうという意識の希薄さ**
- **自分の欲求のコントロールの弱さ**
- **他の人の感情やまわりの状況を理解することの弱さ**

自分勝手に見える行動を取っている子どもたちの中に、ルール理解の弱い子どもたちがいます。生活の中のルールの多くは、目に見える形では示されていません。他の人とかかわりながら、他の人の立場に立って物事を判断したり状況を理解する中で、自然と身についていくことが多いものです。そんなことはもうわかっているだろうと大人が思うことを自ら学び取ることに困難を抱えている子どもたちもいます。また、ルールはわかっているのだけれど、やりたいことを我慢できずに、ルールを破ってしまう子どもたちもいます。

どうしたらいいの？

ポイント① ルールを破ったことを注意するのではなく、状況や他の人の気持ちを伝えながら、どうしたらよいのかを具体的に教える。

ポイント② ルールを守れた時に十分にほめる。

たとえば……

やってはいけないことだけ伝えると、いけないことは理解できても、どうしたらよいかわからないので、同じことを繰り返してしまうのかも…。
「貸してね」って言おうね！
どうしたらよいのか伝える。
だって消しゴムないんだもん。
なんで勝手に取るんだよ～
消しゴム忘れちゃった！貸してね。
いいよ。
給食のきまり
給食をもらいに行く時は、準備のできた人から列の後ろに並びます。

Q37

何を言いたいのかわからない

発言をすると、結局何が言いたいのかわからないことがあります。また、同じ話を繰り返したり、途中で全く関係ない話題に移ってしまうことがあります。

どうしてそうなるの？

原因は…▶ ●文章を整理して伝える力の弱さ ●記憶の弱さ ●衝動性の高さ

頭の中にあることを、順序よく整理して文章にしながら伝えることに困難を抱えている場合があります。「あれ」「それ」などの指示代名詞が多くなってしまうこともあります。また、自分の話した内容を忘れてしまうことによって、同じ話を何度も繰り返すことがあります。何らかの刺激により、話の流れとは全く違うことを唐突に話し始める場合には、話に注意を集中できなかったり、衝動性の高さが背景として考えられます。

どうしたらいいの？

ポイント① 何について話そうとしているのかを言わせてから話を始めるようにする。

ポイント② 話題と関係する写真や絵などを使う。

たとえば……

何について話しますか?
日曜日に出かけたお祭りの話をします。
はじめに何について話すのか聞くと、話題がずれた時に自然に修正しやすい。
乗っていった電車はK91型の10両編成でした。
お祭りの話だったよね。
あっそうか。
5W1Hなど、話すことを整理して示してあげることも効果的。
いつのお話?
日曜日です。
●いつ
●どこで
●だれが
●何を
●どのようにした
話題に関係のある写真があると話題がずれにくかったり、関連した内容にふくらみが出るかも…

Q38

文字の形が取れない

偏《へん》と旁《つくり》をかなりずれた位置で書いてしまったり、マスをはみ出して書いてしまったり、点が足りなかったり、棒が多かったりします。小さな文字が書けなかったり、文字のはしを止められないこともあります。

どうしてそうなるの？

原因は…▶ **●形を正確にとらえることの困難**
●形を正確に記憶することの困難
●目と手の協調の困難

文字を書くのに必要な能力はいくつかあります。たとえば、目と手の協調がうまくいかないと文字を正確に書くことは難しくなります。また、「ね」と「わ」など似たような形の文字を間違ってしまうように、形を正確にとらえることに困難を抱えていることもあります。黒板や教科書の文字を書き写すことができない場合は、視覚的な短期記憶の弱さも考えられます。また、いったん書けるようになった漢字でも時間がたつと忘れることもあります。

どうしたらいいの？

ポイント それぞれのつまずきの原因に対応して、どうしたら形がとらえやすいのか、覚えやすいのか探っていく。

たとえば……

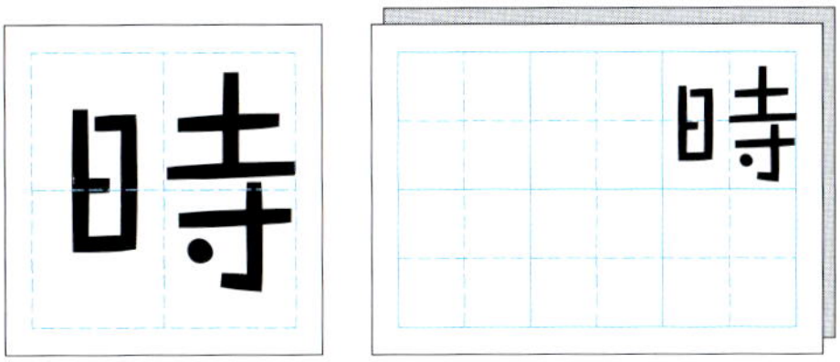
時
時

たとえば、なぞり書きをする、手本をノートの下に入れる、補助線のあるノートを使うなど、年齢に応じた手だてを。

間違えそうなところを語呂合わせなどをして、口に出して書く練習も効果的。

「ね」は
ネズミのしっぽ、
くるん!

Q39

音読ができない

音読をさせると、１行飛ばして読んでしまったり、非常にたどたどしい読み方になります。また、「でした」と書かれているのに「です」と読み間違うなど、助詞や文末を間違えることが多くあります。

どうしてそうなるの？

原因は…▶ ●文字を正確にとらえることの困難さ
●文字を音にすることの弱さ

ひらがなやカタカナの読みにつまずきのある子どもは、文字を音に変換する処理に苦手さが見られる場合があります。一方で、文字の構成が複雑な漢字を読むのにつまずきを示す子どもは、視覚的な情報を細部にわたって正確にとらえることの苦手さが推測されます。文末や助詞を間違える場合には、このように文字が読み取れない状態の中で自分なりに推測して読んでいるからかもしれません。

どうしたらいいの？

ポイント① **間違いやすいことばの意味を教えたり、単語や文節のまとまりをわかりやすく工夫して提示する。**

ポイント② **音声を使った学習などの工夫も大事。**

たとえば……

文字を音声化する教材を用いるなど、いろいろな工夫を。

●お家で…

夏休みに　おばあちゃんの
家に　遊びに　行きました。
川で　つりを　したり
花火を　したり
ぼんおどりを　しました。

文章や文節などの区切りで分かち書きをすると、わかりやすい場合がある。

読むところだけ見えるように厚紙をくり抜いたものをあてて読んだり、読まないところをノートで隠すといったことも効果的。

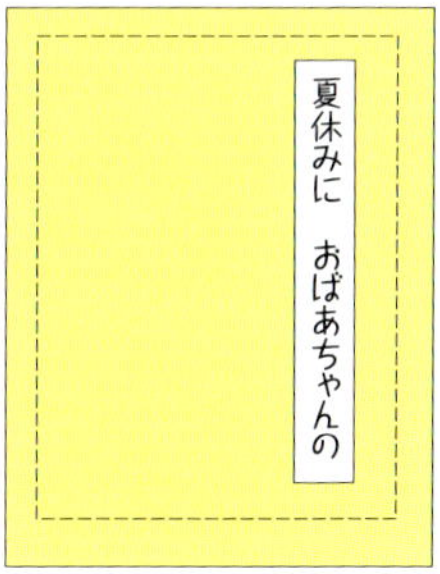

Q40

繰り上がりや繰り下がりの計算ができない

繰り上がりや繰り下がりのある計算になると、間違えたり時間がかかります。筆算になると、位取りがうまくできずに、間違いがさらに多くなります。

どうしてそうなるの？

原因は…▶ ●プランニングの弱さ ●短期記憶の弱さ ●空間認知の弱さ

計算が苦手な子どもの場合、答えを導き出すまでにやらなければいけないことを順序よく組み立てるというプランニングが苦手だったり、繰り上がった数字を一時的に覚えておく短期記憶に弱さが見られることが原因と考えられる場合もあります。筆算の位取りを間違えてしまう場合には、どこにどの数字を書けばいけないのかといった空間認知の弱さが関係していることがあります。

どうしたらいいの？

ポイント① 順番を計画させる。

ポイント② どこにどの数字を書けばいいのか1対1で示す。

たとえば……

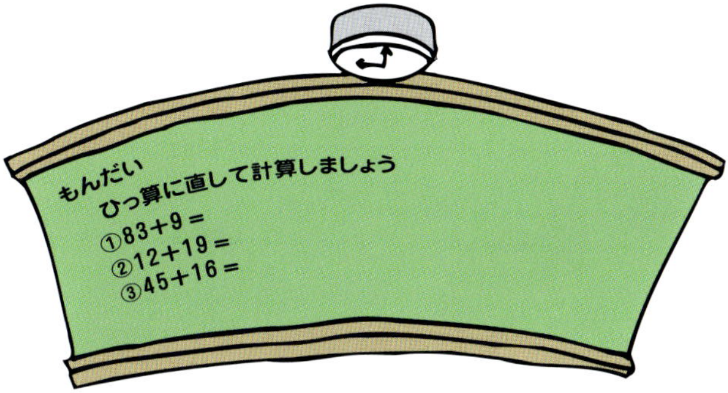
もんだい
ひっ算に直して計算しましょう
①83+9＝
②12+19＝
③45+16＝

低学年のうちはマス目のあるノートを。高学年になったら、自分で補助線を引く方法を教える。

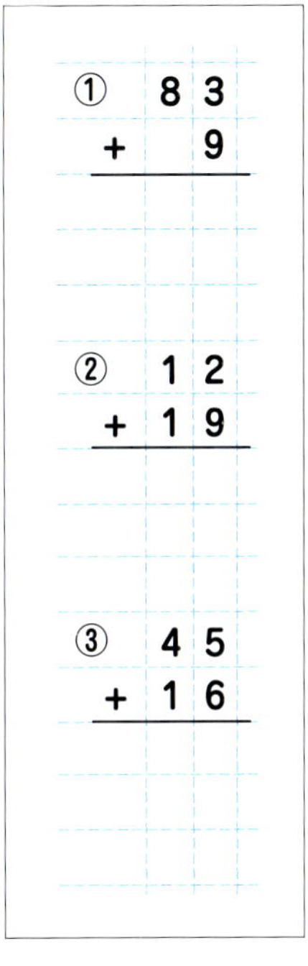
① 83
+ 9
② 12
+ 19
③ 45
+ 16

① ひっ算に書きかえる。
② 一の位をたす。
③ □□□□□□□□□□□□□□□。
④ □□□□□□□□□□□□□□□。
⑤ □□□□□□□□□□□□。

どの順番で問題を解くのか、指示書があると効果的。

中学・高校生編

小学校の高学年を過ぎるあたりから、子どもたちは思春期と呼ばれる時期に入ります。身体の大きな変化に伴い、心理面でも大きく揺れる時期です。また、大人への反抗期を迎える子どもたちもいます。学校生活では、教科担任制となり、多くの先生と接する機会が増えます。

Q41

すぐにあきらめてしまう

授業中はもちろん、テスト中でも「あー、わからない」と言って、問題に取り組もうとせずに、眠ってしまうこともあります。「どうせできないから」とあきらめている様子です。

どうしてそうなるの？

原因は…▶ **●自己肯定感の低さ**
●効果的な学習方法の未習得

小さい頃から、学習において、わからない・できないといった経験を積み重ねてしまった子ども達は、学習意欲が低下してしまうことがあります。結果的に、自己肯定感が低くなり、あらゆることにおいて最初から手をつけないということにつながってしまいます。学習面でのつまずき方にもさまざまな理由があります。文字からの情報が入りにくい場合、集団場面での聞き取りが難しい場合、字の形が整わないといった特定のスキルにつまずきがある場合、情報量が多いと混乱してしまう場合、知識を機械的・体系的に整理することは得意だが、抽象的な思考は苦手な場合などです。周囲が本人にとって効果的な学習方法を見つけられていないのかもしれません。

どうしたらいいの？

ポイント① つまずきを見つけて、得意な能力を生かす工夫をする。

たとえば……

この公式は重要
だからマーカーを
ひこう。

大事なところが目立つように。

計算機やICレコーダー、パソコンなどを補助的に使うことを認める。

みんなで考えよう

得意なところから取り組む方法を見つける。

ノートや単語帳は
きれいに書きますね！
まとめ方がパターンに
なるとわかりやすい
みたいです。
担任教師
スクール
カウンセラー
○○さんの
得意なことを
出してください。
保護者
校長
学年の教師
養護教諭
特別支援教育
コーディネーター
歴史の年表を
作ってもらおう。

Q42

他人と違う自分に悩む

最近元気がなくなってきたと思ったら、「自分はおかしい」「他の人とは違う」「だからみんなのようにうまくいかないのだ」と訴えることが多くあります。

どうしてそうなるの？

原因は…▶ **●自意識の高まり**
●失敗経験の多さ

思春期になると「自分が他者と比べてどうであるのか」という意識が高まります。小さい頃から叱られたり注意されることが多かったり、生活や勉強において多くのつまずきがみられる子どもたちは、「自分が劣っている」と必要以上に思ってしまうことがあります。

どうしたらいいの？

ポイント① 得意分野で能力を発揮できる機会をつくる。

ポイント② 相談体制をつくる。

たとえば……

先生、私は
変わって
ますよね。
変わってなんか
いないよ。
気にするなよ。
簡単に否定するだけでは
解決にならない。
得意分野で能力を発揮す
る機会をつくる。
○○さんの
作品を△△
コンクールに
出してみましょう。

みんなで考えよう
学校で相談体制を
つくりましょう。
校長
親にはなかなか
話さなくて…
保護者
担任教師
相談室に
誘ってみます。
スクール
カウンセラー
○○さんは
他の人と自分が
違うと悩んでいる
ようです。
特別支援教育
コーディネーター
学年の教師
部活動の時に
声をかけて
みよう。
養護教諭
相談体制をつくる。

Q43

友達から利用される

昼食時、何人かの友達にジュースを買いに行かされたりする様子や、帰りにかばんをいくつも持たされたりする様子がみられます。本人は、笑顔でそうした友達からの要求にこたえています。

どうしてそうなるの？

原因は…▶ **●状況判断の弱さ**
●対人関係の未熟さ

これまでなかなか友達をつくることができなかった子どもの場合、グループに所属して相手にしてもらえることがうれしいと感じ、利用されているとは思っていないことがあります。見過ごすことによって、家からお金を持ち出したり、万引きなどの反社会的な行動に引き込まれてしまうこともあります。

どうしたらいいの？

ポイント① 友達関係を注意深く観察する。

ポイント② 相手の友達へも含めて、適切なかかわり方を教える。

ポイント③ 関係者で相談する体制をつくる。

たとえば……

お前の家から
○○持って
こいよ！
おっ！
何の話かな？
……

休み時間等、注意深く観察。大人が目をかける。

みんなで考えよう

本人は友達ができたと喜んでいたのですが。
○○君が友達にいいように利用されているようです。
相手の子からも話を聞きましょう。
休み時間、大人の目があったほうがいいですね。
保護者
担任教師
スクールカウンセラー
校長
特別支援教育コーディネーター
学年の教師
養護教諭

Q44

過去にあった不快な経験を繰り返し訴える

授業中などに、突然、小学校時代や幼稚園時代に、大嫌いだったプールに無理やり入れられた話や、友達や先生に言われた一言など、何年も前に起こった不快な経験を繰り返し訴えます。

どうしてそうなるの？

原因は…▶ **●嫌なできごとの記憶が消えにくい**
●ストレスマネージメントの弱さ

まわりからみるとたいしたことではないことでも、これまでに失敗したことや叱られたこと、できなかったことなどが、本人にとっては強烈に不快なできごととして記憶に残っていて、消えない場合があります。現在の生活にストレスが多く充実していない場合に、過去のことを繰り返し思い出してしまうこともあります。不快な経験を話すことによって、それまで関心をもってくれなかった他者が同情したり、いつまでも話を聞き続けたりすることを経験すると、同じ相手に同じことを何度も訴え続けることもあります。

どうしたらいいの？

ポイント① 否定的なことばは使わない。

ポイント② 家庭の様子等を聞きながら、相談体制をつくる。

たとえば……

長時間聞き過ぎる。
ペラペラ……
うんうん。
小学校の時
友達から
「○○○○」
と言われて
……
それは小学校の
頃のことでしょ。
今は気にしなくて
いいのよ。
話を否定する。
軽くうなずく程度に。
小学校の時
友達から
「○○○○」
と言われて
……

みんなで考えよう

最近よく授業中に、
小学校のころに嫌だった
ことを言うんです。
家ではどうですか？
家でもよく
話して涙ぐん
だりします。
聞き過ぎず
否定もしないほうが
いいです。
何か楽しいことや
リラックスする
方法を探しましょう。
保護者
担任
教師
スクール
カウン
セラー
校長
特別支援教育
コーディネーター
音楽を聞くと
いいんじゃない
かな。
大変な時は
保健室に来させて
ください。
学年の教師
養護教諭

Q45

異性との適切な距離が保てない

気に入った異性に対して、休み時間に触れそうなくらいの距離まで近づいて話をしたり、放課後、部活が終わるまで待っていて、一緒に帰ろうとします。授業中も、じっと見ているために、相手の子も落ち着かない様子です。

どうしてそうなるの？

原因は…▶ **社会性の低さ**

思春期になると羞恥心などから、異性とのつき合い方は自然に幼児や小学生の頃とは異なってきます。しかし、なかには、こうした異性との適切な距離感を自然に身につけることが難しい子どももいます。加えて、相手が嫌がっていることがわからなかったり、周囲から自分がどう見られているのかわからなかったりすると、自分の気持ちのままに動いてしまうことになります。

どうしたらいいの？

ポイント① 社会的なルールを伝える。

ポイント② 興味の幅を広げる。

たとえば……

待ち伏せしてはいけません。
触ってはいけません。

一方的な禁止を伝えても、なぜいけないのかぴんときません。

クラブや趣味など、興味の範囲を広げる。

いいことと悪いことを視覚的に示す。

帰りが一緒になったら
一緒に帰る？
○
相手にたずねる。
帰ろう
×
腕をひっぱる、いきなり帰ろうと言う。

近くで話す
30 cm以内に近づくと
イヤだな
○○さんはイヤな気持ちになります。
ねえねえ
プイッ
話しかけても答えてくれません。

時系列で説明する。

Q46

他の生徒から、特別扱いされていると非難される

教師が全体指示の後に必ず、特定の生徒に対してだけ一声かけたり、課題の難易度を下げて指示したりするといった授業中の配慮を継続しているうちに、他の生徒から、「なぜ、あの子だけ？」といった不満が出てきてしまいました。

どうしてそうなるの？

原因は…▶ **周囲の子どもたちへの配慮の不足**

思春期以降の子ども達は、大人の行動を敏感に感じることが多くなっています。周囲の子どもたちへの配慮が不足している場合、その子にとって必要であり、よかれと思って行った大人の配慮が、「特別扱い」や「ひいきしている」と映ることがあります。

どうしたらいいの？

ポイント① みんなにとってもわかりやすい授業の配慮を行う。

ポイント② 他の子どもたちに対しても、努力や頑張りをほめる。

たとえば……

○○さんは
一回だけで
いいよ。
なんで…？
なんで…？

他の子ども達に対してもがんばりや努力をほめる。

学級通信などを活用するのも効果的！

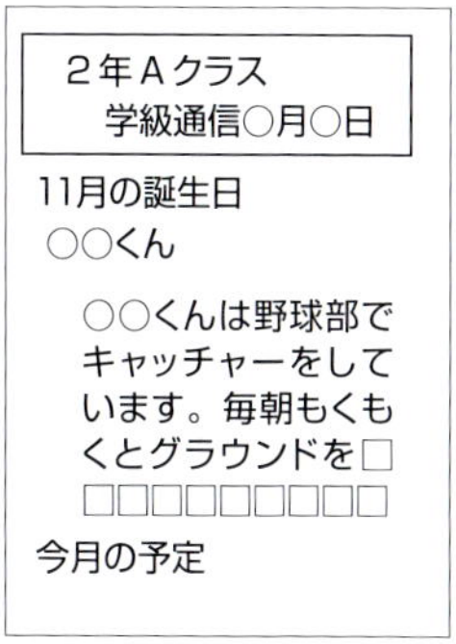
２年Ａクラス
学級通信○月○日
11月の誕生日
○○くん
○○くんは野球部でキャッチャーをしています。毎朝もくもくとグラウンドを□□□□□□□□□□□
今月の予定

あっ、
そうか。
ここは
□□□□
だよ。
○○さんの
意見も
いいね。

子どもどうしで教え合うようなグループ活動を取り入れる。

どれなら
できるかな?
自分の
できそうな
ところから
選んでいいよ。

どの生徒も選択できる課題を授業に取り入れる。

Q47

お金の無駄遣いが多い

毎月のお小遣いをもらうと、趣味の物を買ってすぐに使い切ってしまいます。お金がなくなると、インターネットで欲しい物を探して、勝手に注文してしまったり、祖父母にお小遣いの無心に行き、もらうとすぐに使うことを繰り返します。

どうしてそうなるの？

原因は…▶ ●衝動性の高さ
●金銭感覚の低さ

目の前に欲しい物があると、後先を考えずに欲しくなりお金を使い切ってしまうことには、お金の価値について正しく学んでこなかったり、衝動性の高さが関係していることがあります。また、家の中に無造作にお金が置いてあったり、祖父母がすぐにお金を与えてしまうような環境が影響していることもあります。インターネットで注文したりクレジットカードを使うと、現金を支払うことがないため、お金を使っているという感覚がないのかもしれません。

どうしたらよいの？

ポイント① 保護者と一緒に小遣い帳をつける。

ポイント② 高価な買い物ができないような工夫をする。

たとえば……

今日マンガを
買ったでしょ？
お小遣い帳に
書いてね。
マンガ
500円、あと
お小遣いは
○○○円。

みんなで考えよう

クレジットカードの
管理も大事ですね。
インターネットに
フィルターを
かけようかしら。
担任教師
スクール
カウンセラー
おじいちゃんと
おばあちゃんの
協力も必要ですね。
保護者
校長
学年の教師
養護教諭
特別支援教育
コーディネーター
家に無造作にお金を
置いてはいませんか？

Q48

趣味に没頭しすぎる

電車が好きで、それに関する雑誌やプラモデルをたくさん集め、家に帰ると長時間、そうした物を眺めていて、ほかの事に費やす時間は極端に少ないようです。友達にも一方的に趣味の話をするため、嫌がられてしまうことがあります。

どうしてそうなるの？

原因は…▶ **●興味・関心の偏り**
●状況判断の弱さ
●社会性の低さ

社会的に許容できるものであれば、趣味があることは豊かな生活を送ることに欠かすことができません。ただし、状況判断の弱さから、他のことがほとんどできないほどに没頭してしまうことがあります。また、社会性の低さから、自分が話題にしていることに他者が興味をもっているのかどうか判断できないことが考えられます。

どうしたらいいの？

ポイント① 趣味にかける時間やお金などのルールを明確にする。

たとえば……

●時間に関するルール

今日の予定
10:00〜11:30
プラモデル
11:30
就寝
チェックリスト
着替え
食事
お風呂
宿題

毎日の予定や生活習慣を書いて見えるところに貼っておく。

●お金に関するルール

プラモデル、
交通費、
文具。
文具
交通費
プラモデル

1ヶ月のお小遣いを小分けにして。

プラモデルの話を聞いてくれる？
5分ならいいよ。

友達に話すときは相手の都合をたずねる等のルールを決める。

Q49

ノートをとらない

授業中、先生から「大切ですよ」と言われたことも、黒板に書かれていることもノートにとろうとしません。明日の時間割や連絡事項、持ち物等について口頭で指示しても、ノートに書こうとしません。

どうしてそうなるの？

原因は…▶ **●空間認知の弱さ**
●短期記憶の弱さ
●書くことが苦手

空間認知の弱い子ども達の場合、黒板に書かれていることを自分のノートのどこにどのように書けばいいのかわからないことがあります。また、短期記憶の弱い子ども達は、情報量が多いと、すべてを覚えていることができず、書きとることができません。さらに、書くことが苦手な場合には、短時間で書きとることができないことがあります。こうしたことを繰り返すうちに、ノートに書くこと自体に嫌悪感をもってしまうことがあります。

どうしたらいいの？

ポイント① ノートのとり方を工夫する。

ポイント② 書く時間を保障する。

たとえば……

●板書を工夫する。

めあて

坂本龍馬について学ぶ

仲の悪かった長州藩と薩摩藩を結びつけ
薩長同盟の仲介を行った人物。

教室の後ろの黒板に各教材の連絡コーナーを作る。

明日の予定／宿題・提出物
教科
持ち物
／
国語
ノート

みんなで考えよう

私は「めあて」を黄色のチョークで囲んで重要なところはアンダーラインを引きます。
いつもノートがうまくとれなくて……
担任教師
スクールカウンセラー
保護者
黒板はすぐ消さずに書く時間も保障するといいですね。
校長
特別支援教育コーディネーター
学年の教師
養護教諭
教科間でも統一しましょう。

Q50

一人で学習が進められない

家庭で、宿題はやるものの、それ以外の予習や復習に手をつけようとしません。テスト前になっても、宿題がなければ、机に向かおうともしません。

どうしてそうなるの？

原因は…▶ ●プランニングの弱さ
●集中力の短さ

家庭における学習をすすめる場合には、何をどのようにどのくらい、いつまでに勉強するのか、といったことを計画しなければいけません。自ら必要なことを判断して、プランニングする能力が弱い子どもの場合には、決められた学習以外は一人ではできないことがあります。また、家庭にマンガやゲームなど気になるものがたくさんある場合には、そちらに気を取られてしまい、いつの間にか勉強に取り組めなくなっていることもあります。学習につまずいているために、わからないことが多すぎて、何から始めていいのかわからない子どももいます。

どうしたらいいの？

ポイント① 一緒に計画を立てる。

ポイント② こまめに評価機会を作る。

たとえば……

布で隠す。
1　英語：３つの単語を
５回ずつ書く。
2　数学：ドリル２ページ
量と内容を決める。
ゲームは引き出しにしまう。

数学ドリルは何ページできるかな？
一緒に計画をたてる。

家族からもサポート。
がんばるゾ！
8時だから始めましょう。
毎日続いてえらいなー。

目標：数学ドリル２ページ

(✓) 月
(　) 火
(✓) 水
(✓) 木
(✓) 金
(　) 土

担任より
がんばりました。
あと一息ですね。

こまめな自己評価や他者評価を。

参考文献

尾崎洋一郎・池田英俊・錦戸惠子・草野和子『ADHD 及びその周辺の子どもたち――特性に対する対応を考える』同成社

高橋あつ子・海老原紀奈子『LD、ADHD などの子どもへのアセスメント＆サポートガイド――教室での観察を活かす』ほんの森出版

小貫　悟『LD・ADHD・高機能自閉症へのライフスキルトレーニング』日本文化科学社

独立行政法人国立特殊教育総合研究所『LD・ADHD・高機能自閉症の子どもの指導ガイド』東洋館出版社

黒澤礼子『赤ちゃんの発達障害に気づいて・育てる完全ガイド』講談社

小道モコ『あたし研究』クリエイツかもがわ

梅原厚子『イラスト版　発達障害の子がいるクラスのつくり方』合同出版

品川裕香『輝き MAX! すべての子どもがのびる特別支援教育』金子書房

尾崎洋一郎・草野和子・中村敦・池田英俊『学習障害 (LD) 及びその周辺の子どもたち――特性に対する対応を考える』同成社

阿部利彦ほか『クラスで気になる子の支援　ズバッと解決ファイル』金子書房

佐藤　暁『子どもも教師も元気が出る授業作りの実践ライブ』学習研究社

鳥居深雪『こんな子いるよね! 幼児期からの特別支援教育』明治出版

内山登紀夫監修『こんなとき、どうする? 発達障害のある子への支援　小学校』ミネルヴァ書房

内山登紀夫監修『こんなとき、どうする? 発達障害のある子への支援　中学校以降』ミネルヴァ書房

内山登紀夫監修『こんなとき、どうする? 発達障害のある子への支援　幼稚園・保育園』ミネルヴァ書房

佐藤　暁『自閉症児の困り感に寄り添う支援』学習研究社

上野一彦『図解　よくわかるLD』ナツメ社

廣瀬由美子・東条吉邦・加藤哲文編著『すぐに役立つ自閉症児の特別支援Q&Aマニュアル』東京書籍

廣瀬由美子・坪田耕三・桂聖編著『通常の学級担任が作る授業のユニバーサルデザイン』東洋館出版社

佐藤　暁『特別支援教育コーディネーターの手引き』東洋館出版社

若月芳浩編著『特別支援教育で育つ子どもたち――幼稚園・保育所の実例』学事出版

是枝喜代治『特別支援教育に役立つ実践事例集』学習研究社

井上賞子・杉本洋子・小林倫代『特別支援教育はじめのいっぽ!』学習研究社

阿部利彦『発達が気になる子のサポート入門』学習研究社

斎藤万比古編著『発達障害が引き起こす二次障害へのケアとサポート』学習研究社

キャロル・グレイ『発達障害といじめ――いじめに立ち向かう 10 の解決策』クリエイツかもがわ

佐藤　暁『発達障害のある子の困り感に寄り添う支援』学習研究社

佐藤暁・小西淳子『発達障害のある子の保育の手立て』岩崎学術出版社

小島道生・宇野宏幸・井澤信三『発達障害の子がいるクラスの授業・学級経営の工夫』明治図書

松久真美ほか『発達障害の子どもとあったかクラス作り――通常の学級で無理なくできるユニバーサルデザイン』明治図書出版

相澤雅文『必携!特別支援教育コーディネーター』クリエイツかもがわ

佐藤　暁『みてわかる困り感に寄り添う支援の実際』学習研究社

月森久江『教室でできる特別支援教育のアイデア 中学校編』図書文化社

月森久江『教室でできる特別支援教育のアイデア 小学校編』図書文化社

月森久江『教室でできる特別支援教育のアイデア　小学校編〈Part2〉(シリーズ　教室で行う特別支援教育)』図書文化社

藤原義博『保育士のための気になる行動から読み解く子ども支援ガイド』学苑社

奥田健次・小林重雄『自閉症児のための明るい療育相談室――親と教師のための楽しい ABA 講座』学苑社

著者一覧 （50音順） ＊…代表著者

伊藤 友彦 （いとう ともひこ）
東京学芸大学教育学部特別支援科学講座 教授

※ 小笠原 恵 （おがさはら けい）
東京学芸大学教育学部特別支援科学講座 准教授

濵田 豊彦 （はまだ とよひこ）
東京学芸大学教育学部特別支援科学講座 教授

林 安紀子 （はやし あきこ）
東京学芸大学教育実践研究支援センター 教授

イラストでわかる！ 気になる子どもへの支援
―どうしてそうなる？ どうすればよい？―

2011年11月25日　第1刷発行
2020年 2 月 4 日　第5刷発行

著　　者©　伊藤　友彦
小笠原　恵
濵田　豊彦
林　安紀子
発行者　伊東　千尋
発行所　教育出版株式会社
〒101-0051　東京都千代田区神田神保町2-10
電話　03-3238-6965　振替　00190-1-107340

Printed in Japan
落丁・乱丁はお取り替えします。
デザイン・イラスト・DTP　磯崎デザイン事務所
印刷　神谷印刷
製本　上島製本

ISBN978-4-316-80354-8 C3037